PARAN AK PWOFESÈ,

Konpliman dèske nou ankouraje pitit nou ak elèv nou pou yo vin bileng epitou pou yo konn pale plizyè lang !

Se yon desizyon ki pral peye dividann pou timoun ou elèv ou pou anpil lane ! Rechèch montre ke li pi fasil pou timoun aprann yon lang anvan laj 6 zan, e pou li gen aksan natif natal. Rechèch montre tou ke timoun bileng gen plis kapasite mantal.

Objektif nou nan konpani Young and Bilingual™, se pou nou akonpaye ou ak pitit ou yo oswa elèv ou yo, pou yo tounnen konplètman bileng nan yon jèn laj. Ilistrasyon yo nan chak liv yo bèl, epitou yo gen anpil koulè. Chak liv gen mo vokabilè ladan yo, lis mo outi ki itilize nan liv la, ak explikasyon pou pwononsyasyon plizyè son ki nan liv la.

Nou defini kat diferan nivo pou liv nou yo :

❶ Preskolè- jadendanfan
Lekti entèaktif, ideyal pou timoun piti ki ap dekouvri lemond

❷ Lekòl matènèl – premye lan fondamantal
Fraz ki senp, ki fèt pou timoun ki pa ko konn li ou ki ap aprann li (mwens pase 150 mo)

❸ Jadendanfan rive nan premye lane fondamantal
Istwa ki fèt pou timoun ki fenk aprann li pou kont yo (mwens pase 300 mo)

❹ Jadendanfan rive dezièm lane fondamantal
Listwa ki kout e ki prezante leson lavi ak dekouvèt kiltirèl (mwens pase 600 mo)

Young and Bilingual ™ ofri materyèl bileng GRATIS sou sit entènèt li a www.lapetitepetra.com pou ede ou ak pitit ou yo ak elèv ou yo vin bileng. Nou akeyi fidbak ou pou nou kontinye amelyore liv ak pwogram nou yo. Rete an kontak avèk nou, epi nou swete tout timoun yo bon chans !

CHERS PARENTS ET ENSEIGNANTS,

Nous vous félicitons d'encourager vos enfants et élèves à devenir bilingues et à apprendre à lire en plusieurs langues ! C'est une décision qui portera ses fruits pendant de nombreuses années ! Les recherches ont montré qu'il est plus facile pour un enfant d'apprendre une nouvelle langue et adopter un accent natif avant l'âge de 6 ans. Les recherches montrent également que les enfants bilingues ont de meilleures capacités cognitives.

L'objectif de Young and Bilingual™ est de vous accompagner ainsi que vos enfants ou élèves dans leur apprentissage des langues en étant petit. Les illustrations de chaque livre sont attrayantes et ont couleurs vives. Chaque livre comprend des mots de vocabulaire bilingues, une liste de mots de l'histoire que les enfants doivent connaître, et le classement phonétique de quelques mots de l'histoire.

Nous avons défini quatre niveaux de développement dans nos livres :

préscolaire -maternelle
Lecture interactive, idéale pour les tout-petits qui découvrent le monde

de la maternelle au CP
Phrases simples, ouvrage idéal pour les pré-lecteurs qui commencent tout juste à apprendre à lire (moins de 150 mots)

de la maternelle au CP
Histoire courte, idéale pour les lecteurs autonomes débutants (moins de 300 mots)

de la maternelle au CE1
Petite histoire, qui comprend des leçons de vie et des découvertes culturelles (moins de 600 mots)

Young and Bilingual™ offre des ressources bilingues GRATUITES sur son site web www.lapetitepetra.com pour aider vos enfants et élèves à devenir bilingues. Faites-nous part de vos commentaires afin de nous permettre de continuer à améliorer nos ressources. N'hésitez pas à nous contacter, et surtout, bon apprentissage !

DEDIKAS

Liv sa a dedy a tout timoun ki soti toupatou. N espere yo jwenn plis opòtinite akoz yo pale plizyè lang.

REMÈSIMAN ESPESYAL

A timoun mwen e fanmi mwen pou tout sipò yo ban mwen pou projè sa a.
A ekip mwen e tout zanj ki te ede m yo. Mèsi anpil pou kontribisyon nou.
A Oksana Vynokurova, yon moun espesyal : nou ka wè bote fanm sa a nan bèl ilistrasyon li fè pou koleksyson liv nou yo.

DÉDICACE

Ce livre est dédicacé aux enfants à travers le monde, afin que leurs compétences bilingues leur ouvrent de nombreuses portes.

REMERCIEMENT SPÉCIAL

À mes enfants et à ma famille, pour leur soutien dans tous les aspects de ce projet. À mon équipe et tous les anges qui m'ont été envoyés : je suis vraiment reconnaissante pour vos contributions.
À Oksana Vynokurova, une belle âme, dont la beauté et le cœur sont exprimés à travers ses illustrations qui font toute la différence dans nos livres.

ISBN: 978-1-949368-57-4

Premye Piblikasyon: Janvie 2021
XPONENTIAL LEARNING INC
Copyright © 2020 Krystel Armand Kanzki

Tout dwa rezève. Okenn pati nan piblikasyon sa a pa dwe repwodwi, distribiye, oswa transmèt nan okenn fòm oswa pa nenpòt mwayen, sa enkli fotokopi, anrejistreman, oswa lòt metòd elektwonik oswa mekanik, san pèmisyon ekri alavans de Piblikatè a, eksepte nan ka yon sityasyon kout ke nou mete nan revi kritik ak sèten lòt itilizasyon ki pa komèsyal lalwa sou dwa lotè yo pèmèt.

La Petite Pétra™ KOULÈ

Les couleurs

Krystel Armand Kanzki
Ilistrasyon : Oksana Vynokurova

Ki koulè chapo Petra a ?

De quelle couleur est le chapeau de Pétra ?

Ble !

Bleu !

Ble, tankou machin sa a.

Bleu, comme cette voiture.

Ki koulè parapli Polo a ?

De quelle couleur est le parapluie de Polo ?

Wouj !

Rouge !

Wouj, tankou pòm sa a.

Rouge, comme cette pomme.

Ki koulè jip Lili a ?

De quelle couleur est la jupe de Lili ?

Jòn !

Jaune !

Jòn, tankou yon fig.

Jaune, comme une banane.

Ki koulè linèt Dani a ?

De quelle couleur sont les lunettes de Dani ?

Vyolèt !

Violet !

Vyolèt, tankou bisiklèt sa a.

Violet, comme ce vélo.

Ki koulè rad Petra a ?

De quelle couleur est la robe de Pétra ?

Wòz !

Rose !

Wòz, tankou flè sa a.

Rose, comme cette fleur.

Ki koulè bando Lili a ?

De quelle couleur est le bandeau de Lili ?

Vèt !

Vert !

Vèt, tankou fèy pyebwa.

Vert, comme des feuilles d'arbre.

Ki koulè sak lekòl Polo a ?

De quelle couleur est le sac d'école de Polo ?

Oranj !

Orange !

Oranj, tankou papiyon sa a.

Orange, comme ce papillon.

Mawon, tankou chèz sa a.

Marron, comme cette chaise.

Ki koulè soulye Dani a ?

De quelle couleur sont les chaussures de Dani ?

Nwa !

Noir !

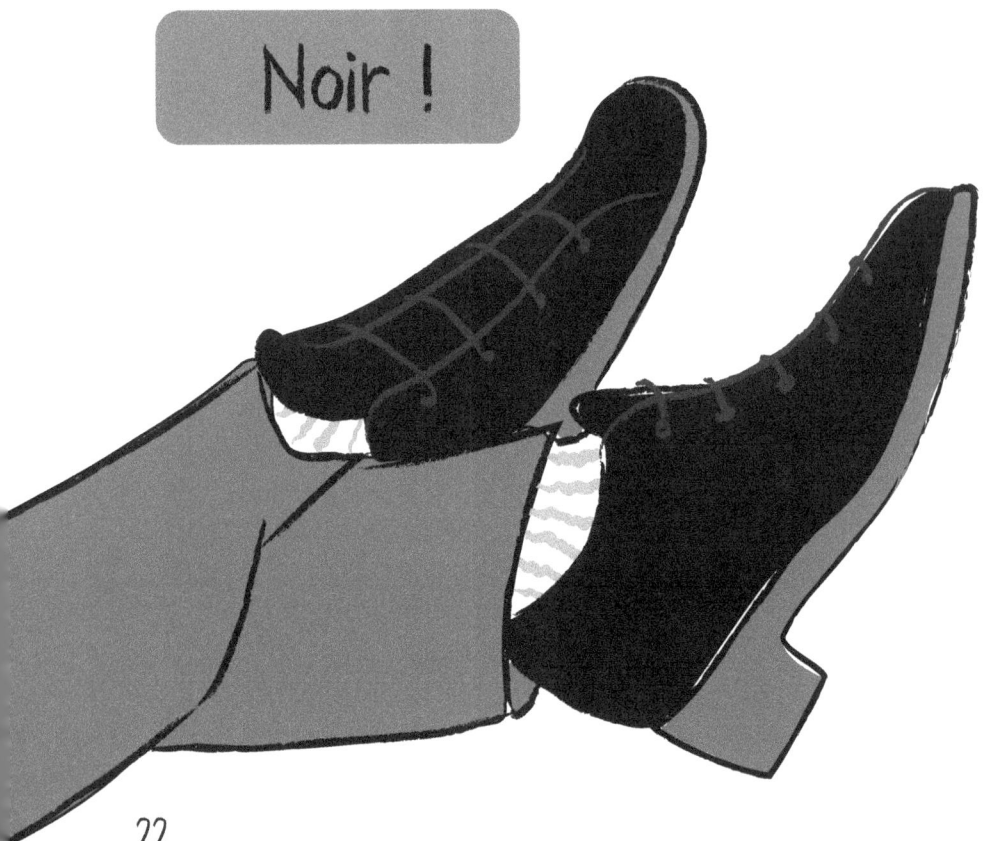

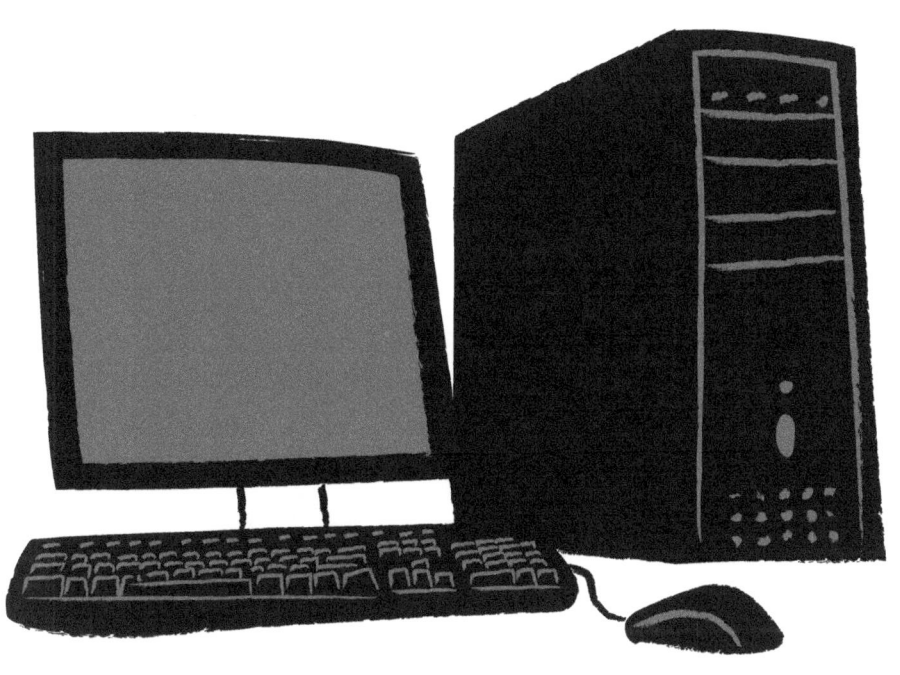

Nwa, tankou òdinatè sa a.

Noir, comme cet ordinateur.

Ki koulè chat Lili a ?

De quelle couleur est le chat de Lili ?

Blan !

Blanc !

Blan, comme cette porte.

Blanc, comme cette porte.

Èske w wè chapo ble Petra a ?

Peux-tu trouver le chapeau bleu de Pétra ?

Kote parapli wouj Polo a ?

Lequel est le parapluie rouge de Polo ?

Ede Lili chèche jip jòn li a !

Aide Lili à trouver sa jupe jaune !

Èske ou wè linèt vyolèt Dani a ?

As-tu vu les lunettes violettes de Dani ?

Jodi a, Petra vle mete rad wòz li a !

Aujourd'hui, Pétra veut porter sa robe rose !

Kote bando vèt lili a ?

> Où est le bandeau vert de Lili ?

Polo ap chèche valiz lekòl oranj li a.

Polo cherche son sac d'école orange.

Èske ou ka chèche poupe mawon Petra a ?

Peux-tu trouver la poupée marron de Pétra ?

Kote soulye nwa Dani a ?

Où sont les chaussures noires de Dani ?

Ede Lili chèche
chat blan l lan.

Aide Lili à retrouver
son chat blanc.

N a wè byento !

À très bientôt !

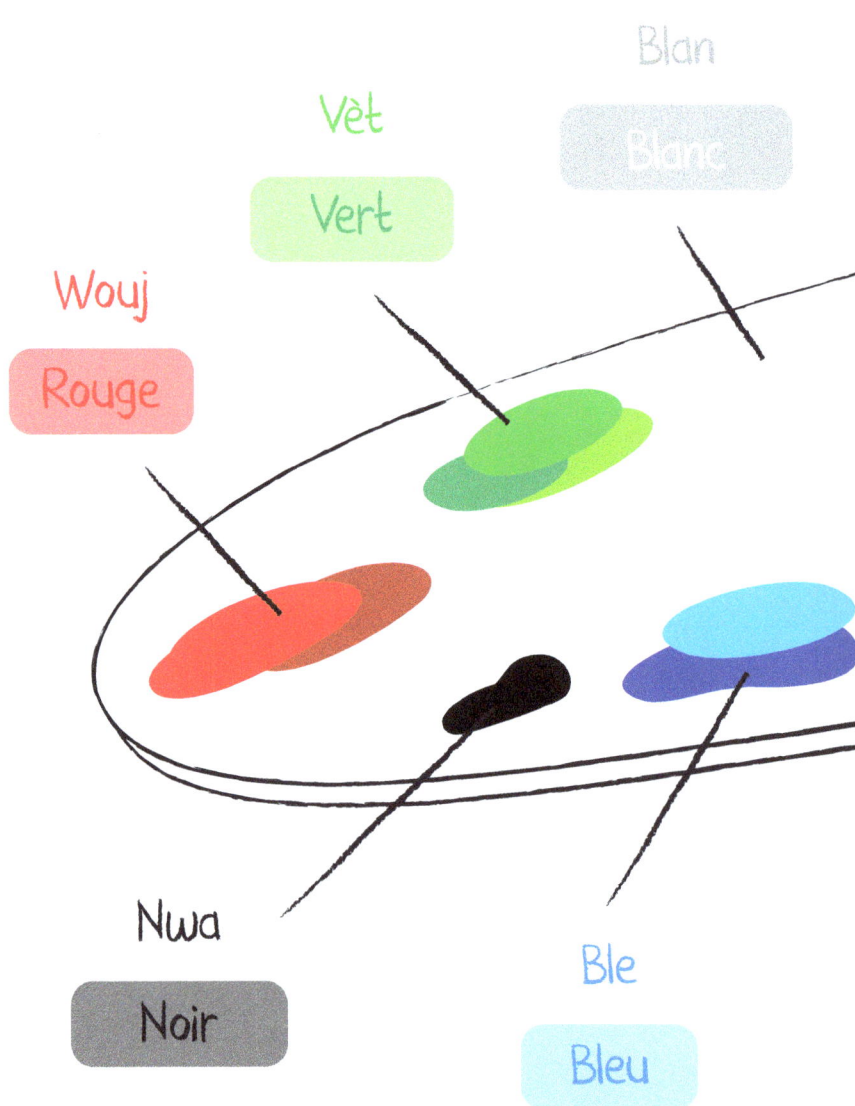

VOKABILÈ BILENG OU TON VOCABULAIRE BILINGUE

chapo

chapeau

parapli

parapluie

jip

jupe

linèt

lunettes

rad

robe

bando

bandeau

sak lekòl

sac d'école

poupe

poupée

soulye

chaussures

machin

voiture

pòm

pomme

fig

banane

bisiklèt

vélo

flè

fleur

fèy pyebwa

feuilles d'arbre

papiyon

papillon

chèz

chaise

pòt

porte

òdinatè

ordinateur

chat

chat

koulè

couleurs

> N ap jwenn kesyon konpreyensyon pou istwa a nan resous gratis sou sit entènèt nou!

SERI DEKOUVÈT AYITI

Nan seri sa a, Petra ak Lili dekouvri peyi yo, Ayiti, ak kilti ayisyen ki rich anpil.

W ap jwenn liv nivo 1, 2, 3 ak 4 pou adapte ak bezwen pitit ou a oswa elèv ou yo! Fè nou konnen ki lòt pati peyi d Ayiti oswa kilti ayisyen ou ta renmen Petra ak Lili eksplore!

SÉRIE DÉCOUVERTE D'HAITI

Dans cette série, Pétra et Lili découvrent leur pays, Haïti, et sa riche culture.

Vous trouverez des livres de niveau 1, 2, 3 et 4 adaptés aux besoins de votre ou vos élèves! Faites-nous savoir quelles autres parties d'Haïti ou de la culture haïtienne vous aimeriez que Pétra et Lili explorent!

> Vous trouverez des questions de compréhension gratuites dans la section ressources de notre site Web!

Koleksyon liv bileng nou enkli liv an espanyol-anglè ak liv an fransè-anglè e pliziè liv disponib an fòma audio pou akonpanye ti lektè nou yo ! Vizite sit wèb nou an www.lapetitepetra.com pou wè tout tit nan kolèksyon nou an.

Notre série de livres bilingues inclut également des livres en Creole-Anglais et Espagnol-Anglais. De plus, certains de nos livres sont disponibles en format audio pour accompagner nos jeunes lecteurs dans leur apprentissage ! Visitez notre site web www.lapetitepetra.com pour voir tous nos titres !

www.ingramcontent.com/pod-product-compliance
Lightning Source LLC
Chambersburg PA
CBHW041132110526
44592CB00020B/2783